Ínula Niúla

Michel Sleiman

Ínula Niúla

Ateliê Editorial

Copyright © 2009 Michel Sleiman

Direitos reservados e protegidos pela Lei 9.610 de 19 de fevereiro de 1998.
É proibida a reprodução total ou parcial sem autorização, por escrito, da editora.

Dados Internacionais de Catalogação na Publicação (CIP)
(Câmara Brasileira do Livro, SP, Brasil)

Sleiman, Michel
 Ínula Niúla / Michel Sleiman. – Cotia, SP:
Ateliê Editorial, 2009.

ISBN 978-85-7480-444-6

1. Poesia brasileira I. Título

07-8947   CDD-869.91

Índices para catálogo sistemático:
1. Poesia: Literatura brasileira   869.91

Direitos reservados à
ATELIÊ EDITORIAL
Estrada da Aldeia de Carapicuíba, 897
06709-300 – Granja Viana – Cotia – SP
Telefax: (11) 4612-9666
www.atelie.com.br / atelie@atelie.com.br

2009

Printed in Brazil
Foi feito depósito legal

animula vagula blandula
hospes comesque corporis
quae nunc abibis in loca

ADRIANO

SUMÁRIO

Apresentação – *Horácio Costa* 11

1. Anímula

    Extensível 17
    Canção do aviltamento 19
    Saturnina 21
    Canção da areia 23
    Haqûrah 28
    Flora marinha 30
    A filha 32
    Andorinha 33
    Capa e espada 35
    Torneada 37
    A máquina do mundo impensada 40
    Canção de medicina 43
    Pérola negra 44
    Gazel pelos vivos 45
    Eu os tenho todos 46

    Alliqâ'......................................48

    Quzaymân....................................50

    Canção do retorno............................52

    Canção vinda das montanhas..................54

    Ode nômade..................................56

    Parelha......................................58

    ¿Qué quieres que te traiga, yâ sîdî?..........59

2. Vágula

    The dark side of the moon...................63

    Letras......................................64

    Kano & Tashiro..............................66

    Tatame e taturana...........................68

    O espelho cego de Cildo.....................69

    Netuno......................................70

    Canção do amigo.............................71

    Canção temporã..............................72

    Batíamos sino...............................73

    Lençóis de algodão cru amassados............74

    Mulher do céu...............................75

    Homem.......................................76

    Futûhât sulaymâniyyah.......................77

    Amores omares...............................79

    Ouvindo Sheykhisbîr.........................81

3. Blândula

    Como se epílogo, ou salva de palmas: o poeta..........85

APRESENTAÇÃO

Kein Ort, Nirgends é o inspirado título de um dos melhores romances que já li, de autoria da alemã Christa Wolf. A minha tradução literal ao português seria: *Lugar Nenhum, Nenhures*; as traduções ao francês (*Aucun lieu, nulle part*) e ao inglês (*No Place on Earth*), língua na qual li esse romance há muitos anos, não cobrem, creio, o campo semântico que a nossa língua propicia nessa versão do original. O enredo desse romance – que configura um diálogo que jamais existiu entre Kleist e Karoline von Günderrode, poetas suicidas, às margens do Reno, nos albores do romantismo alemão – não me interessa agora, e sim a sinalização implícita em seu título de que a literatura, e particularmente a poesia, se dá em um lugar sempre certeiro: nenhures. E sempre nas fotogênicas margens do nada.

Disso sabe Michel Sleiman, desde o título de seu livro. *Ínula Niúla* não se remete a nenhuma expressão ou etimologia conhecida; evidentemente, na repetição do fonema "nu" em ambas as palavras, seguido de sonoros "l"s, talvez se pudesse remeter à palavra *nulla* latina, que dá *nulla res* – nada de nada, coisa nenhuma – e "nulo" – nulidade, anular, anulação.

Mas se este título inventado metaforiza o *quid* da palavra poética e seu tênue cenário, *Ínula Niúla* também se refere a uma situação específica vivida pelo poeta. Descendente de libaneses, pesquisador no Cairo, arabista e professor de literatura árabe e arábico-andaluza, Michel Sleiman vive imerso num universo de referências literárias e linguísticas que destoam daquelas que no mais das vezes assistem aos poetas brasileiros, que mal conhecem a literatura, clássica ou moderna, escrita em árabe – e ainda assim, olha lá. De fato, multiplicam-se neste livro expressões em árabe, com os seus (impossíveis!) acentos circunflexos; não é demais pensar que por detrás delas escondam-se ilações literárias e mesmo literário-historiográfico-críticas que a leitura em português "desarmado" dissolve ou... ou nulifica. Ainda, no rapto discursivo, na repetição de vários poemas percebe-se um modo de dizer afim dos praticados nas poesias que se expressam em árabe. Mesmo nos dois núcleos temáticos mais visíveis do livro – o referente ao universo erótico, e particularmente homoerótico, e o que trata, justamente, em termos nostálgicos, da raiz cultural e histórico-geográfica do Oriente Médio –, patenteia-se a sombra desse idioma poético *outro*. Não poderia ser diferente para um poeta dele tão embebido.

Entretanto, sucede que esses poemas estão escritos em português, e como se sabe, cada língua se escreve em um sistema de balizas próprias, entre as quais, e de maneira cimeira, a do dizer poético. Em uma palavra, para aceder ao não-lugar do poético, carimba-se o passaporte no lugar do sistema linguístico e literário devido. Em resumo, não são poemas traduzidos ao português do árabe, em *Ínula Niúla*: são poemas escritos em português-brasileiro por um poeta de origem, mas não identidade, árabe.

São poemas que veem a luz no cenário da poesia brasileira contemporânea. Um cenário fluido e múltiple, que sabe receber quem nele inova: bem-vindo, Michel.

Horácio Costa

1
Anímula

EXTENSÍVEL

dei uma folga
a teu folguedo

rapaz de Corinto

curei passar o fio
pela cerviz

colibri a espreitar
cor e açúcar

me voltas nas tardes por entre
os vitrais do portal de um dia de agosto
quando a hora morta cruza o céu de Roma ao som da
    cigarra algazarrenta

lembras o grito do sorveteiro no trim-trim do triciclo
    mambo?

cavamos a fossa e enterramos jorros chamusqueantes
o olé de Espanha e o pulmão em direção ao Vesúvio

o doce refluir espanta a lembrança...

agosto assalta a linha dos trópicos
atrás da linha férrea de Mogi das Cruzes
(a sirene não passa enquanto...)

e de que vale agosto se trai
abrasivo
a silhueta do costado solitário?

CANÇÃO DO AVILTAMENTO

clamor clamor de tambores-crivo
zunidos a amassar a mente
vem teu zunido   clamor
habitar a cabeleira   e junto
o coaxar dos sapos a engolir desvario
   pra lá pra lá

pássaros findam a revoada
burricos bebem a água
a montanha retesa a base
o topo se inclina
tu ainda embevecido
carga nos sacos
teimas passadas
   pra lá pra lá

deixei Beirute e al-Biqâa
desfiz mil cantos por ti clamando

dançarino
abelha que circunda
caíste no Ocidente a fisgar um sol
a noite para encantar vestiu os teus cílios
   pra lá pra lá

o trajeto é um só
não é o vale não é a colina
não é o rio
carecem as tuas folhas da esgrima no porte
a cadência do vento não embala o teu trigo
e eu sopro o vendaval
o caminho não é impune
amor em plenitude
céu curvado à terra
como arco e arqueiro
seta a varar olho
o grito
o desvario

ouves o uivo do firmamento?
pra lá se vai meu zunido
abelhas no debandar a sangrar o favo
   pra lá a doçura estou aviltado

SATURNINA

conheço o teu passo onde quer
que gravitem teus pés alados
te conheço mudo o calado
desejo de samambaia
despencando do alto da sala

de ti prevejo o pas-de-deux
colado ao cisne bailante
sei que saíste de outro útero e
para outro te predestinam

que te alastras no colo e nas
pilastras dos grandes salões
e que te habita
bem secreto departamento

sei que te orna adorno divino
no hálito prístino de Pan no

dedo indelével de Davi e
nos teclados de Coralina
efebo desta saturnina

CANÇÃO DA AREIA

[*todo fim é infindo se
a cobra se
devora a cauda*
Ibn-al-Hajjâj de Sidon

qualquer motivo que fosse meu
pra delatar a presença
                    algo
que embale a palmeira no meio do deserto
o das areias semelhantes a tua matéria

esta é a marca se de amor eu canto
sem rima ou métrica   palavra em ritmo e fonia
cantar de amor   dar ouvido ao seco   ouvir
ressonâncias de sentimento

menino   tragédia o teu emblema
porque me cinge
vento sem outra escolha a não ser
dominar a palmeira
doidivar suas folhas   assim me vejo
um grão a mais
daí a perdição no evocar teu nome
esta é a tragédia

quando menos se espera   a aldeia dos homens
aponta em nós a miséria
destino entre os astros   teriam esperado
longo tempo até formar-se o par
e nos viram subir   calçar as dunas
da união erguer-se   entre as areias
única   em meio ao deserto   uma palmeira

                        desta vez tomo o emblema
                                  passo repasso
                            emblema dentre outros
                      catado como estratagema
                        com ele oriento o canto
                            tal qual com o cetro
                      o pastor toca o rebanho
                    o rei concentra o poder
            dando a ver   a quem pertencem
                as palavras   última e primeira

por volta das cinco
por volta do que sucederia
(falar lembrar a hora exata)
o sol abraçava o poente
como se diz   golfava flâmulas
nas franjas rubro-mornas

luzindo   as pontas da palmeira
um vento   como os demais
que revolve revolve

balançou   e das palmas
caíram   prenúncios de noite
folhas largas amarelas
o bastante   para afundar o tronco
abarcar na areia o tempo   e preparar
o tapete ao passante
ali deitará   por um momento   o corpo
até que o sol descanse o transe   e
no entanto   ele
salvaguardou-nos do instante   resolveu-nos   à sua maneira
com o respiro   abrandou   o terror da noite
a que esperou   ciclos e ciclos
formar o par
subir as dunas
dar as mãos até o cair da noite

passavam das cinco   a noite
desvelava os olhos   de quem dormira acordara
seguia intranquilo   olhando para trás   vez que outra
cada vez menor a palmeira
cada vez mais longínqua   cada vez mais
menos ausente

                      vamos   conclamemos
           o coro do Magrebe no portal da Síria
      e o Líbano   assemelhemos sua sombra
               que nos determina o cantar?
            um que outro mar   umas terras mais
           por isso este canto em nota única

                porque a memória que habita o pensar
                            tem uma voz   que não esta
                    que o vento estende   e de remota
                                          condescende

que faço que não revolvo
a chama molhada?
que faço que enterneço
a cada mirada?
tu que ficaste   secaram as folhas
o tapete de tua sombra carquilhou
emudeceu o respirar extenuado
ele se levanta   larga pragas
te chama deserto   não lhe deste água
sumiu   já não conhece o pesar
como o peso do amante   teu corpo
entorna gravidade
vai-te   fie-te a areia
devo cantar em ritmo breve
entrecortar   abate de dentes
a folia que embala   melodia dormente
acordar   pôr à vigília
o senso   pô-lo a par
afrontar seus forjes
entremeá-lo com a cesura
opac-o-pa-co-paco
estilhaçar o cristal dos copos
restos pra comporem dança
entoar a melodia dos cacos

da areia   mazela ao concreto
do vento   sentenças do arauto
a outro metro
compor   susto solavanco
o deserto   a palmeira
plausível prédio   uma das sacadas
tarde iluminada
sem sono   contorno   adorno algum
senão o manto de aflição

[...]

apagar os olhos   e os cílios ventilam
vendaval de ventos mornos revolve a aba sobre as pupilas
as palmas da palmeira no meio do deserto
o das areias
semelhantes
a tua matéria:
                        todo fim é infindo se
                              a cobra se
                            devora a cauda]

HAQÛRAH

   aleli! aleli!
a menina de tranças pisa a tumba da vó do vô da tia-avó
     do bisavô
a menina ergue a tampa destapa o sol na fronte magra
pisoteia a erva caída a bagaça
da romã e as folhas e as flores da amendoeira por amendoar
a menina arrodeia cirandeia sapateia
   aleli! aleli!

   yâ Marjeyûn yâ mar yâ eyûn
   yâ ojos de Marwân yâ mar yâ eyûn

o menino reza à porta dos mortais
o menino espia os portais
o céu as estrelas o breu das horas eternais

corre o corcel escorre o labéu por toda parte
hão difamado o repouso hão resfoliado o teto

o manjericão cresce e a erva-espinhos
a terra resseca junto às pedras
    aleli! aleli!

a menina deixou a boneca de pano
que a chuva molha entrado novembro

o menino enxuga-lhe a lágrima
ó flor

ouvem-te te nutrem

FLORA MARINHA

a ti que me acolhes em braços de Adão
escrevo-me barca de Noé:

sou o último espécime, olha-me;
sálvia da perpetuação, salva-me;
animal sem par, ajunta-me;
alma zonza, agarra-me;
flor sem copo,
gineceu, androceu, retém-me;
parte da inteireza, recolhe-me;
estou em ti, guarda-me;
deslizo, escapo, quase, cata-me;
esfuma-me no instante, condensa-me

antes que o vendaval levante a água a Nilo e Eufrates
e soporize as bordas com seus braços grandes
que o oceano derreta o meu sal
e o céu me engolfe o talo adâmico

e reste a teu ouvido só a sereia
quimera de vagas
na proa
em mar estático

A FILHA

sou a filha que te espera na curva após o final da rua
corres e me abraças o cabelo me dispersas com mãos
ternas e afoitas pelo tempo por que me quiseste

tu me queres desde que nasceste
tomaste minha mãe para mãe e amante
e me guardaste em tua bolsa até que
me concedeste à oficina do útero
onde me associaste era
questão de tempo
me quiseste desde que nasceste
até que nasci cresci e te esperei na curva após o final da rua

ANDORINHA

tarda o tempo
mas não tarda o tardo

tarda a aurora
e não tarda o tardo

tardam os anos

tarda e é ébrio
o sonolento vir das manhãs

há o ciclo das romãs   e o do grão sem cor
o ciclo das maçãs   e o da flor na macieira
o ciclo do trigo   e o da tenra haste

entre a hora e o século
tarda a cor e luze

o iminente
inevitável

tarda e existe

signo em rotação

cor e sentido
entreabrem-se

o poeta trava a língua
entre pedra e água

versocriação

violação
é dar nome ao sentido

o perfume das formas
gesto finito

um dia
tudo o mais entorna

CAPA E ESPADA

Ibin-Hazim, parcimonioso da oratória,
e Ibin-Abid-Rabbihi, da história,
ambos trataram o amor
com zelos de fêmea caprichosa.
um o revestiu de colar precioso,
o outro lhe apôs da pomba
furtivo o colar gracioso.
pobre rima a minha;
a deles, rica nos torneios.
de colar a outro, a de Alandalus
furtou-se à do Leste poesia
recamando-a em honrarias:
plurimultifacetados ambos,
costuraram túnica barroca
em alinhavados brocados de ouro.
outros íbins de outros itens
lustrariam salões híbridos
de abrasado refinamento,

como o tal Ibin-Quzmân
de quem se sabe de romãs
vivia: dizendo que o feitor
lhas trazia à mesa posta.
vizir vivendo à custa
de migalhas trocadas
por honrarias suadas em zejéis
enviesados de gazéis
panegirizados.
que outra amostra de reféns
pôde a história prover
por melindres tão tortuosos?
Ibin-Ammar perdeu os miolos
por aliciar, sedicioso,
de Almutamid o imberbe ibin.
governador antes, a cara ornada,
reconduzido em burro de carga
foi o amado recalcitrante.
restou-lhe a espada
que o rei deitou-lhe sob a cara
limada, antes, no colar caro
que a poesia enfeitara
em horas de entretenimento:
caprichos de Alandalus
em cenas de capa e espada

TORNEADA

força de faca
gentil de lima
como o beijo da foice
no cariz da erva
carinho de lavrador
a lavrar na unha
a enxada
a inchar
a carne
coito de algodões na malha fina
cuecas curtas e calcinhas
faca tato
ladainha
sofá
assento estirado
carro parado
na beira da estrada
ramalhete de odores

o falo
a vagina
irmãos
na carnificina
faca bainha
colibris
a assaltar árvores
decepar flores
ao cavar gerânios
na
fenda de águas
chorro de ímãs
sexo perplexo
saltando vitrinas
torcendo curvas
sem saída
pousadas
baratas
bitucas
apito dos guardas
o coçar do saco
a mão
revira-mexendo
revolteando
intumescendo-O
sob o algodão
das calças justas
fuste
arqueado

lancinante
demônios da incursão
três ou quatro
da manhã escura
troca
noturna
coturnos
cravando no eco
a marcha
de pernas e braços
armas-varas
no comboio
levadas
luta cotidiana
salamaleques
torneios
a dor que aflora sem dor

A MÁQUINA DO MUNDO IMPENSADA

como a máquina de mil tentáculos
tubarão engalfinhado (sushi sashimi)
polvo de Quevedo em turbão de sarmentos à la Ibin-
    Quzmân
quisera mundo e desmundo na palma da mão
(avec cette main je te roule)
e eis... um toldo me encarapuça e fica fora o focinho
cão de latidos que não morde (mas lambe)

assim a fera
silenciamento de mil valas que valem o que não valem
volúpias de seda em amorim
feito pras rodas sem fim de baiana passista porta-
    -frangalhos
música de não-esferas batidas semifusas musas confusas
hálito de maçãs toque de seios sob o sutiã e muito borogodó
    de balangandãs

e fere   festim   e quem me livra da samambaia que me
         devora a flora intestina e carcome os cascos do meu boi?

e é
como se a fera mil-de-esferas fizesse furos de messias em cruz
e eu andasse
braços abaixo e avante largados à Drummond
e súbito
me arrancassem lépidotépido socavado por violento arranque
de bomba H-de-Campos (machine repensada que redoma
         e finda e afunila e parafina) e soergo
e dou a volta por cima com Waly que Salomão levo no
         nome apesar do capricho germânico do escrivão sulino
         na Rosa das Missões Noroeste Rio Grande do Sul
primos de sangue, e tudo, inda que mudo (e dizem)
como se o mil tom de infantão anos inflação jovem que
         io-vendo-non-te-credo mas que las brujas las hay
         chico sí créemelo tú en mí que lo he y sigo siendo pois
com e sem o rolé azeitado comando o espetáculo dos
         quarentanos quaresma de boi infartado
coda de ovelha gordensebada em ponto de abate
charque e chucrute vegetal ariano
para oferendas de Moisés Iavé Alá e sei lá que outra mais
         divindade

toma sou teu medevora ando-reando mil luas me
         desnudam ando
amortalhado medo e pavor de estar a sós com meu medo
tarde e noite espanam abanam afagam enrabam até o osso

osso no oco abocanhado cobra estranha branca e fria é boi?
      é boi há quantos dias?
não lembro... fera de mil tentáculos mordia um a um dentes
      e sangue
que modus vivendi!

(meu reino agora por uma cama a teu lado)

CANÇÃO DE MEDICINA

para uma alma sedenta
um jarro só de água-jasmim
    não basta
toma! essências de limão e romã
curam o amor te deixam sã

ai de ti alma sedenta
nem fetiches nem feitiços
nem rezas de poeta
teu abismo é o dos perfumes
do reino de Afrodite
e não resistes

PÉROLA NEGRA

(com Nizâr Qabbânî)

as ruas de Granada ao meio-dia
são campos de pérola negra

de onde estou
vejo a pátria
nos meus olhos grandes

vejo

as torres de Damasco
a se erguerem
sobre as mechas

a cidade
vês?
é uma cabeleira

GAZEL PELOS VIVOS

meu amor pelas pedras
hoje é beijo esquecido
meu amor pelos vivos
corpo em cada lábio

por isso beijo a todos
que me acenem os olhos
e o prazer desses beijos
traz o amor esquecido

meu amor pelas pedras
meu amor pelos vivos

EU OS TENHO TODOS

eu os tenho todos lado a lado na minha estante de comprados
    e bem guardados
tenho Adonis, este que fora Ali Ahmad Said e ao lado
o Corão e ao lado o al-Qurân e depois um tratado de
    botânica famoso

é sempre manhã na minha lembrança
casas caiadas alcântaras de portas e janelas portinholas
    aberturas vitrificadas sobre as portas onde as lagartixas
    descansam o longo rabinho à noite

vejo a cidade com a sensação
não a vejo com o olho, vejo-a
com a lâmina das palmas
com os vasos olfativos
com a pulsação do sangue e do ar que engolfo nas sempre
    manhãs

correram atrás de mim porque amaldiçoara seu Muhammad
criança correndo de manhã porque os meninos-corsos feito
    enxame de abelhas zangadas perseguem o algoz de seu mel
melmelmel melmel muhammad muhammad yilᶜan dînkon
    eu disse
cravejando esporas no meu corcel, par de pernas finas
    nervosas levantando poeira da ladeira que ladeia a
    parede caiada da casa do meu avô

dias fechado
janelas-cântaros nacaradas pelas pedras e o vozerio dos
    meninos querendo minha cabeça eu
amaldiçoara o profeta deles sua lei eu
porque fora amaldiçoado pela turba de zangões que meu
que meu avô e minha ascendência de padres fossem
    amaldiçoados yilᶜan khuriytak disseram
na manhã fria de al-Qaraun e eu

quem disse que a lembrança não
que a lembrança não inverte o sem
sentido?

ALLIQÂ'

o couro da pele é manto de lã por sobre
o volume de carnes de camela farta
as mãos potentes patas de cordeiro em dia de abate
o hálito bafo de bezerro mamão cheira a grama ainda quando
aparenta galgar montes de cascalho o portentoso jumento
    montês

eis meu amado do deserto amado de gerações de sóis e ventos
que me chega à noite aos vãos de minha tenda – algo mais
    sólida
paredes de concreto sacada por sobre a avenida trafegada
    de motores
mas não por isso menos tenda –
chega-me os pés empoeirados barba grossa do óleo das
    máquinas
(seus dedos folheiam páginas azeitadas pelo sebo do
    conhecimento)
sob as unhas a fuligem do dia unhas cortadas faca cega

eis como vem o amado de minha alma cruzando desertos
    de mar
tocando a caravana de especiarias (seus alunos na Cátedra)
    dedo em riste localizando o fluxo dos anos dos homens
    dos fatos dos hiatos cíclicos
meu homem amado me envolve o torso me lambe o pescoço
    me enrijece
o talo com o fermento de sudores

uma fumaça tênue na meia-luz se esparge
maçãs, tulipa, alecrim

e

sobre o tapiz de cores geométricas
libamos amor às fartas; Mônica Salmaso e Eric Satie assistem

QUZAYMÂN

pequeno Quzmân,
não é tua
a severidade

o discurso guarda
a lista infernal
– diria Dante

parra
corpo
copo

à cabeça
o gorro de tilim-chocalhos
(turbante de Susa?)

do generoso
moeda e
cobertor

de ti o zejel gazeado.
que noite
junto à

– ops
vizinha!
deste o teu melhor

eu te dei
pura
mescalina

haroldina

esta é, Quzmano,
terapia
contra os anos

(a do Mestre
– homerina
era ainda melhor)

CANÇÃO DO RETORNO

caminhe caminhe o desejo
troteie a planície circunde os mamilos
belisquem os lábios a pele morena
desça o vendaval varra a areia do ventre
desnude o trigal o campo de lentilhas

percorram os lábios al-Biqâa
apelem aos cedros do amor   em Giîta
e percam-se os lábios na água profunda

Gibrân ausculto
abre a enseada amado oriental
oferece os figos
dá a uva pela mão
a água pela boca
sedento sedento percorre al-Biqâa
teu pequenino perdido

e Beirute colhemos sob céus de concreto
minimizando sombras no alojamento
a morte nos cantos a atiçar ratazanas
e nós a nada ouvir senão o bolor dos alaúdes

arre afastem
água e ar
retorna o potro ao prometido

abre a enseada abre a enseada
oferece os figos

CANÇÃO VINDA DAS MONTANHAS

tomou-me nas mãos como se tomam os cachos
e eu não era a uva mas me olhou
no apetite pelos cachos
tomou-me uma a uma a uva
e eu não era o cacho mas me olhou
no apetite como quem quer
uma a uma esborrachar entre dentes
a uva como se comem
as uvas do Oriente

e eu não era a uva me olhou e clamou
como se clama aos figos
nas terras de tâmara e amora
e eu não era o figo quis de mim a tâmara
e eu não era a tâmara quis de mim o figo
e eu não era o figo quis de mim a uva
e eu não era a uva

e assim sedento
de tanto estar

o homem das montanhas e das estrelas na mão
do estro e do céu às costas
o homem das nuvens à cabeça
que desejou as minhas uvas a tâmara e o figo

lançou as estrelas
fez do estro a força
do céu verde ramagem
das nuvens
fez descer os cachos

e desde o dia
de tamanho desejo
sou a cereja nos cachos
duas a duas
   três a três
   quatro a quatro

ODE NÔMADE

trota potro
toca os tacos
de Palmira ao Châm
trote e voo
maessalâm
pedra e pedra vou
vamos que vou
até silva a kamanja
a outras bandas
"tudo está pronto
e urge
a noite enluarou
firmes cascos e encilhos
para longe eu vou"
no Châm uma mulher
Samira de Samir
bagdâdiy e bagdâdiyya
châmiy e châmiyya

jasmim cabelo perfumou
ai Samira espera eu vou
"tudo está pronto
a noite enluarou"
roda rola cantarola
yalla Palmira espalma
palmeira de feiticeira
ao vento estua faceira
tempo bom alazão
infla ventas
vamos que vou
tantas bandas... que abrem-
se outras rotundas
amarelas de tanto até circundam
nem miragem sol e ar
é capaz de estar
só um ser fará voragem
Samira Châmiyya
destapa o véu a um teu pajem
amor com amor
o resto é um nada
quase que valha
lua e luar com
ou sem
pantalha.

PARELHA

margarida
no canto
da sala

pétalas miúdas sobre as pálpebras
cílios e olho
miolo ouro a recender néctar

pudera
a abelha
o meu amigo...

¿QUÉ QUIERES QUE TE TRAIGA, YÂ SÎDÎ?

ele me cercou com mil carinhos
desfilando os títulos que levava no carrinho
empurrado com a barriga
o peso que Hércules hercúleo desbaratou.

e me veio com uma conversa
de que era esta a vez das vezes...

empilhei meia dúzia de dizeres
ao azar entre uma dobra e outra de sorrisos
e a passada de dedos na semibarba   o olhar oblíquo.

moço esperto ele bom
vendedor
falava árabe e espanhol
e citava Abulqâssim (a história das sandálias...)

2
Vágula

THE DARK SIDE OF THE MOON

um rosto se faz
com muitas permutas
do dorso à entrada
   o adentro
de frente
   a paralela
rosto
no rosto
   contraface
te espio te assalto
   desgosto
quem dera a face
   o avesso
conheço-
   não conheço
ver-te é como se
   não visse

LETRAS

com mil folhas
defloras
lâmina   luminescente

trasladas
os flancos
em custódia   adnominal

tu próprio
nome que   em mim
redoma a
substantivação

e

querer teu desejo
previsão de fólios e beijos
biparte

interno externo
o corpo da ação

transitividade
transitoriedade

    quiçá

a metamorfose
do sema ao   sêmen

KANO & TASHIRO

samurais
a sopesar
espada e sabre

a nuca
a madeixa
a bainha

por sobre o tatame um rio de ventos
escorre-empuxa
adentro

e quem vê mede na porcelana
o saquê a citar de Kano
o ombro à mão de Tashiro

retarda do inimigo
a morte e elegante
a vida

deusa mortal
amortalha
a tela de Oshima

TATAME E TATURANA

dois maços de juncos amarrados
com dois cestos de minirrosas
mandei entregar à tua casa
no meio do caminho o moço da entrega
gamou pelo bilhete

vês Vera o destino das letras?
ao fim do dia o moço estava em meu jardim
gueixa a passear entre juncos
no tatame de terras e cascalhos
deixei-lhe entrar as faces da rosa
e acomodar-se na floreira da sala

no umbral da porta os mensageiros
e a chegada da estação

vês Vera? deveras os astros
desenham no céu dos contratempos
Taturana Sagarana Novo Japão

A alguém que se queixou ao poeta das dores sentidas ao ver

O ESPELHO CEGO DE CILDO

espelho espelho meu
onde se meteu a figura
fulgura em que dobra de sua
viscosidade apagada?

por que me tomas, que não
me entregas a reflexão
tento-me em si tal Adão
que Eva não teve nem Era

me joga no assoalho
seu fundo e me calo
desespelho agrura
a identificação

NETUNO

rabo
pen-
dido

sereia

olho
grave

ex-fera
trans-
lumilumina

ícones de
safiras

entrega-me

Netuno

entrega-me a oficina   no fundo do mar

CANÇÃO DO AMIGO

amigo amigo
tempo perdido
amado amado
tempo passado
amigo amado
tempo perdido
amado amigo
tempo passado
eu diria você en-
gasgou no mote

amigo amado
armou o bote

amado amigo
:

tempo perdido

CANÇÃO TEMPORÃ

habituada à macieira
a flor ausenta o pé de ipê
   acorda o que dorme
   acorda o que dorme
   precisa da cor a visão disforme

roxo roxo
ao invés do ipê
maçã temporã

   não tem de quê ê
   não tem de quê
   acorda o que dorme
   dorme ê

BATÍAMOS SINO

batíamos sino batíamos sino

como é bom bater sino
é tão bom bater o sino

meu amor subia descia
eu olhava devoto

depois eu subia descia
meu amor como eu devoto

batíamos sino batíamos sino
como é bom bater sino

LENÇÓIS DE ALGODÃO CRU AMASSADOS

na utopia do sono
ergui o cenário do amante perfeito
e os lençóis... seda leve e deslizante
acordei torcicolo bravo a nuca em formigamento
fosse de algodão cru amassado o forro daquele leito na certa
teria acordado nos braços de quem ronca a meu lado em
    plenas sete da manhã e estaríamos prontos
para reiniciar outro dia entre tédios esforços algum
    ressentimento
não é bela é certo a figura que ronca ao lado mas diabos não
    dá dor no pescoço

MULHER DO CÉU

a mulher do céu
é minha

a do véu
é do gênio meu vizinho

a mulher sua silhueta
a cara a corcunda
olha! e ao olhá-la vê-lhe a identidade

a idade de loba
boa mas prestes a devorar-te a cria
como eu dizia a mulher do céu
é minha

a do lado é do vizinho

HOMEM

homem chalaça
jaleco bigode em riste
triste
mas os olhos, olhos de falcão impetrando
resistências

homem caboclo
risonho por sobre o pescoço e
debaixo dele mil vedetes se esparramam
catando dobras até as botas

homem recolhido
terno
estopim de olhares feito farinha assoprada
que a narina farfalha

deem um naco deste homem
temos fome

FUTÛHÂT SULAYMÂNIYYAH

aqui estou e no mar do abandono eu nado
abandonado
a banda
a denodo
abondado abundante abundadado
a   bo   ba   da   do

você me chusma me chisma me chafurda o coco me
    estraçalha a franga
rapunzudo rapunzoado rapunzel rapudo rapo ripo riúpa
    rapabumbo bumbabodo
bo   bo

e ainda agarro uma tábua
a tauba da salvação que o
salva-vidas
"banheiro" em Portugal

me estende sem que
me veja ou me ignore

por
pura profissão

(ainda morro por isto)

AMORES OMARES

eu te esperei na esquina on-
de a curva se estreita
no abraço

você me esperou no
beco dos perdidos
no bico do funil
na boca do leão
na toca dos lobos

na talagarça
no tiraz dos ventos
atrás do breu
dos conventos

cruzes de pontos
contrapontos contradanças contratempos
maremotos de escarmentos
você é foda meu bem
não dá um ponto sem nó

mas eu te cruzo

OUVINDO SHEYKHISBÎR

música das esferas

asperaérea.

cancro.

justo que dome a clareira.

ó ser voraz, mata.

vi o teu nome na borda norte. ia e era como se hera
    crescendo em jardim metafísico. tísica metamorfose.

o grande bonde antigo arrastando os trilhos. a tarde e aquele
    morro. hoje morro?

sábado compro ingresso e vou pra Marte. Marta, vem
    comigo.

eu te vi passada, ontem. o disco dos Beatles, bolacha. mas não dava pra pôr no leite. chocolate & Afeganistão. a farinha afaga, ali. Alî, que sarro, cara, sarro aquele filme ela comendo carne, não era prova do grande filme que não rodou? e Rodolfo soube disso? Sartre previu no meio-dia do meio-século, 1959. ave marinha. ela vinha toda. eu todovinho.

chew me up, baby, slowly

3
Blândula

COMO SE EPÍLOGO, OU
SALVA DE PALMAS: O POETA

por que editar um poeta?
por seu poema por onde
a angústia
   – não-dita
   inefável
   abjeta –
o poeta secreta?
   – jogou a merda
   pra ser
   escrita
   fê-la
   – fez-se –
   concreta.

flores das flores
(do mal)
por que a seleta
dentre as dores

– Veloso cantou:
pra que rimar
amor e dor?
por que fazer
da ermida triste
jardim de rumores?

voz vozerio
palavra silente
se faz desafio

páginas

leia-se a pá
      a lá
      a vrá
– Norato *dixit* –
pólvora alvará
de leituras e harmonizações na face pó de arroz das folhas-
    -livro folhas das folhas milfolhas de mil e uma utilidades

vaidades

Título	Ínula Niúla
Autor	Michel Sleiman
Editor	Plinio Martins Filho
Produção editorial	Aline Sato
Capa	Tomás Martins
Editoração eletrônica	Aline Sato
Formato	14 x 21 cm
Tipologia	Minion
Papel do miolo	Pólen Bold 90 g/m² (miolo)
Número de páginas	88
Impressão do miolo	Prol Gráfica
Impressão da capa	Nova Impress
Acabamento	Kadochi